Male für jede Seite, die du bearbeitet hast, einen Stern aus!

Viel Freude!

AF204511

4 5 6 7 8 9 10 11 12 13 14 15 16 17 18 19 20 21 22 23 24 25 26 27 28 29 30 31 32 33 34 35 36 37 38 39 40 41 42 43 44 45 46

le oder le

le   le

le   le

le   le

lesen   lesen

malen   malen

en oder en

en   en

en   en

en   en

leben   leben

Regen   Regen

ei oder ei

ei   ei

ei   ei

ei   ei

ein   ein

Meise   Meise

ne oder **ne**

ne   ne

ne   ne

ne   ne

eine   eine

Sonne   Sonne

eu oder **eu**

eu   eu

eu   eu

eu   eu

Heu   Heu

neu   neu

er oder **er**

er   er

er   er

er   er

Bruder   Bruder

Feder   Feder

ie oder ie

ie   ie
ie   ie
ie   ie

Biene   Biene
Tiere   Tiere

in oder in

in   in
in   in
in   in

Kind   Kind
Dino   Dino

im oder im

im   im
im   im
im   im

Kim   Kim
Limo   Limo

te   *oder*   te

te   te

te   te

te   te

♪ Note   Note

Tante   Tante

ir   *oder*   ir

ir   ir

ir   ir

ir   ir

Birke   Birke

dir   dir

au   *oder*   au

au   au

au   au

au   au

Mauer   Mauer

Maus   Maus

ch · oder · ch

ch ch
ch ch
ch ch
ich ich

8 acht acht

un · oder · un

un un
un un
un un
und und

Hund Hund

de · oder · de

de de
de de
der der

Leder Leder

denken denken

Probiere aus!

der   der

oder der   der

oder der   der

die   die

oder die   die

oder die   die

„der"
oder
„die"

der

E   E

Ɛ   Ɛ

Ei   Ei

Eis   Eis

Ende   Ende

Euro   Euro

Ente   Ente

Eimer   Eimer

„ein" oder „eine"

ein   Eis

G G

G oder G

G G

G G

Gras Gras

Glas Glas

Gold Gold

Gans Gans

Gabel Gabel

g oder g

g g

g g

gut gut

Igel Igel

grau grau

gelb gelb

grün grün

k   k

k   k

klug   klug

kalt   kalt

Paket   Paket

Wolke   Wolke

Rakete   Rakete

l   l

l   l

leise   leise

laut   laut

Wald   Wald

Ball   Ball

Ampel   Ampel

Pilz   Pilz

v   v

ʊ   ʊ

ʊ   ʊ

viel   viel

voll   voll

vor   vor

w   w

w   w

w   w

wie   wie

wer   wer

weit   weit

wo   wo

was   was

Lawine   Lawine

ch · oder · ch

ch   ch

ch   ch

ch   ch

nicht   nicht

dich   dich

durch   durch

auch   auch

ck · oder · ck

ck   ck

ck   ck

ck   ck

Ecke   Ecke

Rock   Rock

Dackel   Dackel

Sack   Sack

Wecker   Wecker

ng oder ng

ng   ng

ng   ng

ng   ng

Ring   Ring

Angel   Angel

Engel   Engel

nk oder nk

nk   nk

nk   nk

Dank   Dank

Bank   Bank

Anker   Anker

Schrank   Schrank

Lenker   Lenker

Punkt   Punkt

krank   krank

Wie schreibst du? Auf den nächsten Seiten kannst du es ausprobieren!

unverbunden	verbunden	deine Handschrift
Mond	Mond	
Mantel	Mantel	
Dino	Dino	
Ente	Ente	
Salat	Salat	
Ast	Ast	
Mama	Mama	
Oma	Oma	
Sand	Sand	
Lama	Lama	
Nase	Nase	
Tanne	Tanne	
Nest	Nest	

Die 100 häufigsten Wörter   1 bis 13

unverbunden	verbunden	deine Handschrift
die	die	
der	der	
und	und	
in	in	
zu	zu	
den	den	
das	das	
nicht	nicht	
von	von	
sie	sie	
ist	ist	
des	des	
sich	sich	

14 bis 26

Die 100 häufigsten Wörter

unverbunden	verbunden	deine Handschrift
mit	mit	
dem	dem	
dass	dass	
er	er	
es	es	
ein	ein	
ich	ich	
auf	auf	
so	so	
eine	eine	
auch	auch	
als	als	
an	an	

Die 100 häufigsten Wörter 27 bis 39

unverbunden	verbunden	deine Handschrift
nach	nach	
wie	wie	
im	im	
für	für	
man	man	
aber	aber	
aus	aus	
durch	durch	
wenn	wenn	
nur	nur	
war	war	
noch	noch	
werden	werden	

40 bis 52

Die 100 häufigsten Wörter

unverbunden	verbunden	deine Handschrift
bei	bei	
hat	hat	
wir	wir	
was	was	
wird	wird	
sein	sein	
einen	einen	
welche	welche	
sind	sind	
oder	oder	
um	um	
haben	haben	
einer	einer	

Die 100 häufigsten Wörter

unverbunden	verbunden	deine Handschrift
mir	mir	
über	über	
ihm	ihm	
diese	diese	
einem	einem	
ihr	ihr	
uns	uns	
da	da	
zum	zum	
zur	zur	
kann	kann	
doch	doch	
vor	vor	

Übe deine Handschrift!

66 bis 78

Die 100 häufigsten Wörter

unverbunden	verbunden	deine Handschrift
dieser	dieser	
mich	mich	
ihn	ihn	
du	du	
hatte	hatte	
seine	seine	
mehr	mehr	
am	am	
denn	denn	
nun	nun	
unter	unter	
sehr	sehr	
selbst	selbst	

22

© sternchenverlag GmbH

Die 100 häufigsten Wörter	79 bis 91

unverbunden	verbunden	deine Handschrift
schon	schon	
hier	hier	
bis	bis	
habe	habe	
ihre	ihre	
dann	dann	
ihnen	ihnen	
seiner	seiner	
alle	alle	
wieder	wieder	
meine	meine	
Zeit	Zeit	
gegen	gegen	

92 bis 100

Die 100 häufigsten Wörter

unverbunden	verbunden	deine Handschrift
vom	vom	
ganz	ganz	
einzeln	einzeln	
wo	wo	
muss	muss	
ohne	ohne	
eines	eines	
können	können	
sei	sei	

Die Wochentage

unverbunden	verbunden	deine Handschrift
Montag	Montag	
Dienstag	Dienstag	
Mittwoch	Mittwoch	
Donnerstag	Donnerstag	
Freitag	Freitag	
Samstag	Samstag	
Sonntag	Sonntag	

Tiere auf dem Bauernhof

	unverbunden	verbunden	deine Handschrift
	Gans	Gans	
	Ziege	Ziege	
	Puter	Puter	
	Katze	Katze	
	Schaf	Schaf	
	Hahn	Hahn	
	Schwein	Schwein	
	Hund	Hund	
	Ente	Ente	
	Maus	Maus	
	Kuh	Kuh	
	Huhn	Huhn	
	Pferd	Pferd	

 Tiere im Meer

unverbunden	verbunden	deine Handschrift
 Qualle	Qualle	
Muschel	Muschel	
 Krabbe	Krabbe	
Rochen	Rochen	
Wal	Wal	
Hummer	Hummer	
Hai	Hai	
Seestern	Seestern	
Robbe	Robbe	
Schwamm	Schwamm	
Krake	Krake	
 Delfin	Delfin	
 Koralle	Koralle	

Tiere im Zoo

unverbunden	verbunden	deine Handschrift
Zebra	Zebra	
Eisbär	Eisbär	
Pinguin	Pinguin	
Gorilla	Gorilla	
Flusspferd	Flusspferd	
Elefant	Elefant	
Büffel	Büffel	
Pandabär	Pandabär	
Nashorn	Nashorn	
Braunbär	Braunbär	
Giraffe	Giraffe	
Koala	Koala	
Känguru	Känguru	

Vögel

unverbunden	verbunden	deine Handschrift
Uhu	Uhu	
Taube	Taube	
Meise	Meise	
Schwan	Schwan	
Pelikan	Pelikan	
Amsel	Amsel	
Storch	Storch	
Sperling	Sperling	
Adler	Adler	
Pfau	Pfau	
Flamingo	Flamingo	
Ente	Ente	
Schwalbe	Schwalbe	

Raubtiere

	unverbunden	verbunden	deine Handschrift
	Puma	Puma	
	Dachs	Dachs	
	Löwe	Löwe	
	Leopard	Leopard	
	Fuchs	Fuchs	
	Tiger	Tiger	
	Wolf	Wolf	
	Gepard	Gepard	
	Luchs	Luchs	
	Wildkatze	Wildkatze	
	Eisbär	Eisbär	
	Braunbär	Braunbär	
	Jaguar	Jaguar	

Die zwölf Monate

unverbunden	verbunden	deine Handschrift
Januar	Januar	
Februar	Februar	
März	März	
April	April	
Mai	Mai	
Juni	Juni	
Juli	Juli	
August	August	
September	September	
Oktober	Oktober	
November	November	
Dezember	Dezember	

Die Zahlen 1 bis 10

unverbunden	verbunden	deine Handschrift
1 eins	eins	
2 zwei	zwei	
3 drei	drei	
4 vier	vier	
5 fünf	fünf	
6 sechs	sechs	
7 sieben	sieben	
8 acht	acht	
9 neun	neun	
10 zehn	zehn	

Die Zahlen 11 bis 20

unverbunden	verbunden	deine Handschrift
11 elf	elf	
12 zwölf	zwölf	
13 dreizehn	dreizehn	
14 vierzehn	vierzehn	
15 fünfzehn	fünfzehn	
16 sechzehn	sechzehn	
17 siebzehn	siebzehn	
18 achtzehn	achtzehn	
19 neunzehn	neunzehn	
20 zwanzig	zwanzig	

Obst

unverbunden	verbunden	deine Handschrift
 Apfel	Apfel	
 Kiwi	Kiwi	
Birne	Birne	
Melone	Melone	
Ananas	Ananas	
 Himbeere	Himbeere	
 Orange	Orange	
 Kirsche	Kirsche	
 Zitrone	Zitrone	
 Pflaume	Pflaume	
Erdbeere	Erdbeere	
 Banane	Banane	
Pfirsich	Pfirsich	

Gemüse

unverbunden	verbunden	deine Handschrift
Erbsen	Erbsen	
Knoblauch	Knoblauch	
Kartoffel	Kartoffel	
Spargel	Spargel	
Paprika	Paprika	
Tomate	Tomate	
Möhre	Möhre	
Zwiebel	Zwiebel	
Salat	Salat	
Mais	Mais	
Gurke	Gurke	
Kohlrabi	Kohlrabi	
Radieschen	Radieschen	

In der Küche

unverbunden	verbunden	deine Handschrift
Löffel	Löffel	
Tasse	Tasse	
Glas	Glas	
Kelle	Kelle	
Schüssel	Schüssel	
Kochtopf	Kochtopf	
Messer	Messer	
Flasche	Flasche	
Gabel	Gabel	
Sieb	Sieb	
Becher	Becher	
Teller	Teller	
Schere	Schere	

Im Kleiderschrank

unverbunden	verbunden	deine Handschrift
 Pullover	Pullover	
 Kleid	Kleid	
 Mütze	Mütze	
 Socken	Socken	
 Bluse	Bluse	
Krawatte	Krawatte	
 Rock	Rock	
 Hose	Hose	
 Schal	Schal	
Schuh	Schuh	
Jacke	Jacke	
 Gürtel	Gürtel	
Mantel	Mantel	

Schreibe untereinander die Namen deiner Mitschüler, Freunde oder Familie auf! Sammle dann die Unterschriften der Personen! Vergleiche!

Namen	Unterschriften

Namen	Unterschriften

Sätze schreiben

 Mit Sina  und Ole

Der Hund frisst aus der blauen Schüssel.

Sätze schreiben

41

Sätze schreiben

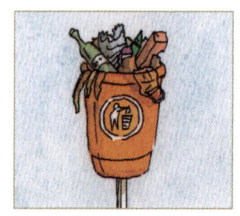

Sätze schreiben

Abzählverse

Ich und du,
Müllers Kuh,
Müllers Esel,
der bist du.

Ene mene mopel,
wer frisst Popel,
süß und saftig,
eine Mark und achtzig,
eine Mark und zehn
und du kannst gehn!

Kennst du einen dieser Abzählverse? ☐ ja ☐ nein
Lerne einen davon auswendig!

Morgens früh um sechs
kommt die kleine Hex'.

Morgens früh um sieben
schabt sie gelbe Rüben.

Morgens früh um acht
wird Kaffee gemacht.

Morgens früh um neun
geht sie in die Scheun'.

Morgens früh um zehn
holt sie Holz und Spän'.

Feuert an um elf,
kocht dann bis um zwölf.

Fröschebein und Krebs und Fisch,
hurtig Kinder, kommt zu Tisch!

Schreibe das Gedicht auf der nächsten Seite
zeilenweise in deiner Handschrift ab!

Kennst du das Gedicht? ☐ ja ☐ nein

Morgens